KALEIDOSKOP

Originaltitel: Illusions d'optique et Kaleidoscope © Hachette Livre (Hachette Pratique), Paris 2014
Illustrationen von Carole Coullet

Gesamtherstellung: Ullmann Medien GmbH, Potsdam
Umschlaggestaltung: Stefanie Brüssel nach dem Originalcover von Nicole Dassonville
Übersetzung: Regina Enderle

ISBN: 978-3-7415-2078-5

KALEIDOSKOP

MALBUCH FÜR ERWACHSENE

Optische Täuschungen und grafische Muster gestalten

Carole Coullet

h.f.ullmann

FARBEN UND SINNE ZUM VIBRIEREN BRINGEN

Ein Kaleidoskop ist ein Rohr, dessen Innenleben aus mehreren Spiegeln und beweglichen farbigen Glasteilchen besteht. Hält man das Kaleidoskop gegen das Licht, so schillern die Teilchen wunderbar in allen denkbaren Farben. Der schottische Physiker Sir David Brewster entwarf das Kaleidoskop 1817 und gab ihm seinen sehr wissenschaftlichen und gleichzeitig rätselhaften Namen: Er bildete ihn aus den griechischen Wörtern *kalos*, „schön“, *eidos*, „Bild“, und *skopein*, „schauen“. Als Spielzeug und Requisit der Taschenspieler war es im 19. Jahrhundert sehr beliebt. Und auch heute, im Zeitalter der Videospiele und Medienvielfalt, ist die Faszination für Kaleidoskope bei Groß und Klein ungebrochen.

In diesem Buch sind verschiedenste Zeichnungen versammelt, die mit Farbe gestaltet werden können. Sie zeigen die optischen Effekte, die entstehen, wenn wir die Welt durch ein Kaleidoskop betrachten. Spielerische und poetische Welten werden sichtbar, die uns einladen, sie aufmerksam zu betrachten und zur Ruhe zu kommen.

Bei einigen Bildern genügt es, die mit einem Punkt markierten Felder auszumalen, und es entstehen wunderbare, vielfarbige Motive, die allesamt von Carole Coullet entworfen wurden. Bei anderen Bildern gibt es keinerlei Vorgaben für die Farben. Ihre Zusammenstellung darf frei gewählt und das ganze Farbspektrum ausgeschöpft werden.

Die Motive laden dazu ein, mittels Farben und Formen einen Fokus zu finden und dabei zu Ruhe und Entspannung zu kommen.

Carole Coullet

ist Illustratorin und Malerin. In ihren Werken schafft sie aus hypnotisierender Geometrie Welten von großer Vielfalt. Sie arbeitet sowohl mit dem Pinsel als auch mit Kollagen und Grafiktablett.

1 2 3 4

Wenn ich 1000 Ideen hätte
und nur eine sich als gut
erweisen würde, wäre ich zufrieden.

Alfred Nobel

Man ist jung, solange man sich für das Schöne begeistern kann und nicht zulässt, dass es vom Nützlichen erdrückt wird.

Jean Paul

Sei nicht allzu ängstlich, was deine Handlungen angeht. Das ganze Leben ist ein Experiment.

Ralph Waldo Emerson

Glück entsteht oft durch Aufmerksamkeit in kleinen Dingen, Unglück oft durch die Vernachlässigung kleiner Dinge.

Wilhelm Busch

Nichts in der Welt ist schwierig; es sind nur unsere Gedanken, welche den Dingen diesen Anschein geben.

Arabisches Sprichwort

Das Ganze ist mehr als die Summe seiner Teile.

Aristoteles

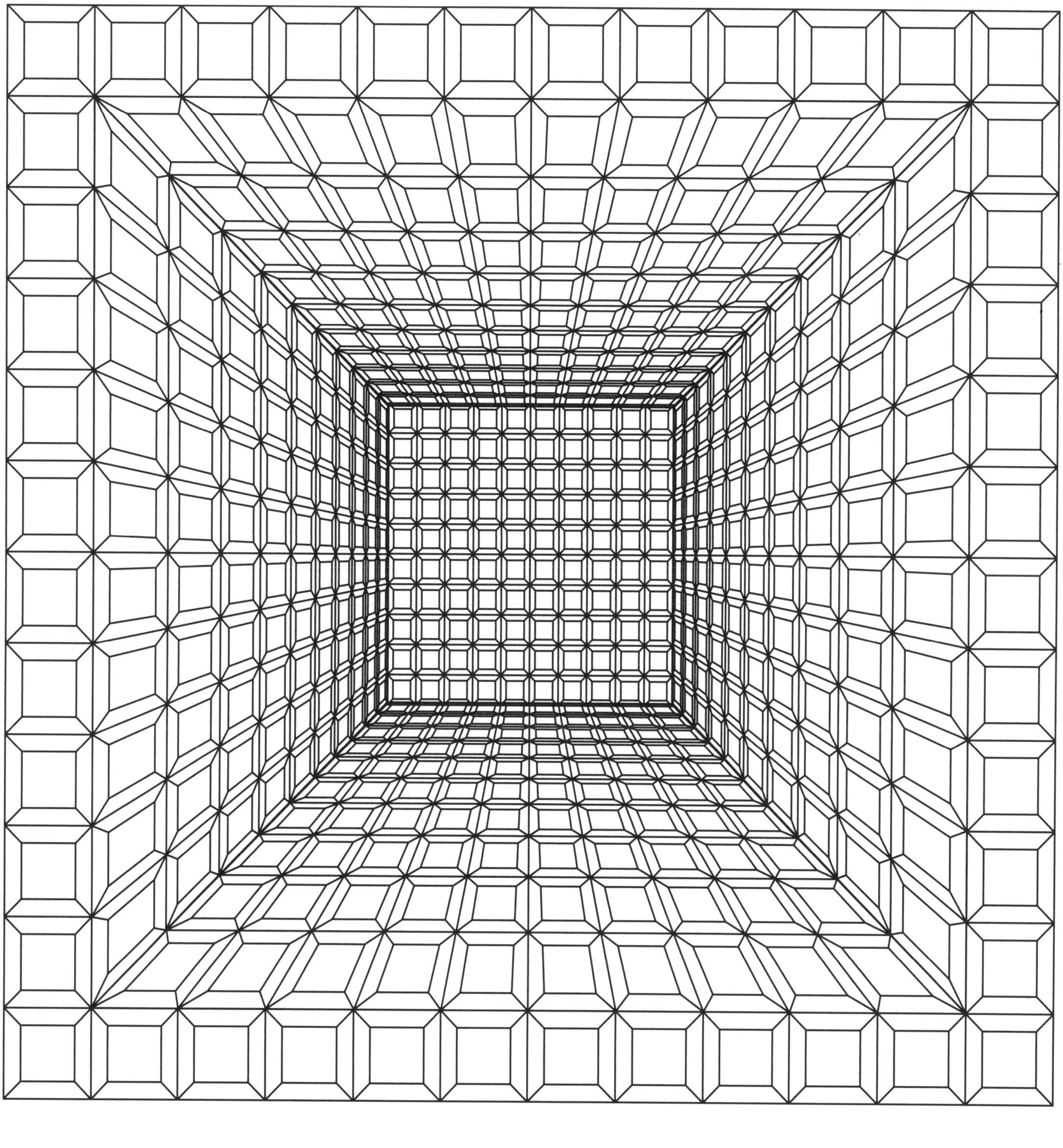

Kenntnisse kann jedermann haben, aber die Kunst zu denken ist das seltenste Geschenk der Natur.

Friedrich der Große

Man muss etwas Neues machen, um etwas Neues zu sehen.

Georg Christoph Lichtenberg

Die erste Pflicht ist es, sich selbst glücklich zu machen. Bist du glücklich, so machst du auch andere glücklich.

Ludwig Feuerbach

Muße ist der schönste Besitz von allen.

Sokrates

Die Hoffnung ist ein Vorschuss auf das Glück.

Antoine de Rivarol

Wandlung ist notwendig wie die Erneuerung der Blätter im Frühling.

Vincent van Gogh

Lächelt im Bewusstsein, dass es einen Frühling gibt, der in eure Gärten kommt, um in euren Blättern zu tanzen, und einen Herbst, der eure Trauben reifen lässt.

Khalil Gibran

Das Publikum beklatscht ein Feuerwerk, aber keinen Sonnenaufgang!

Friedrich Hebbel

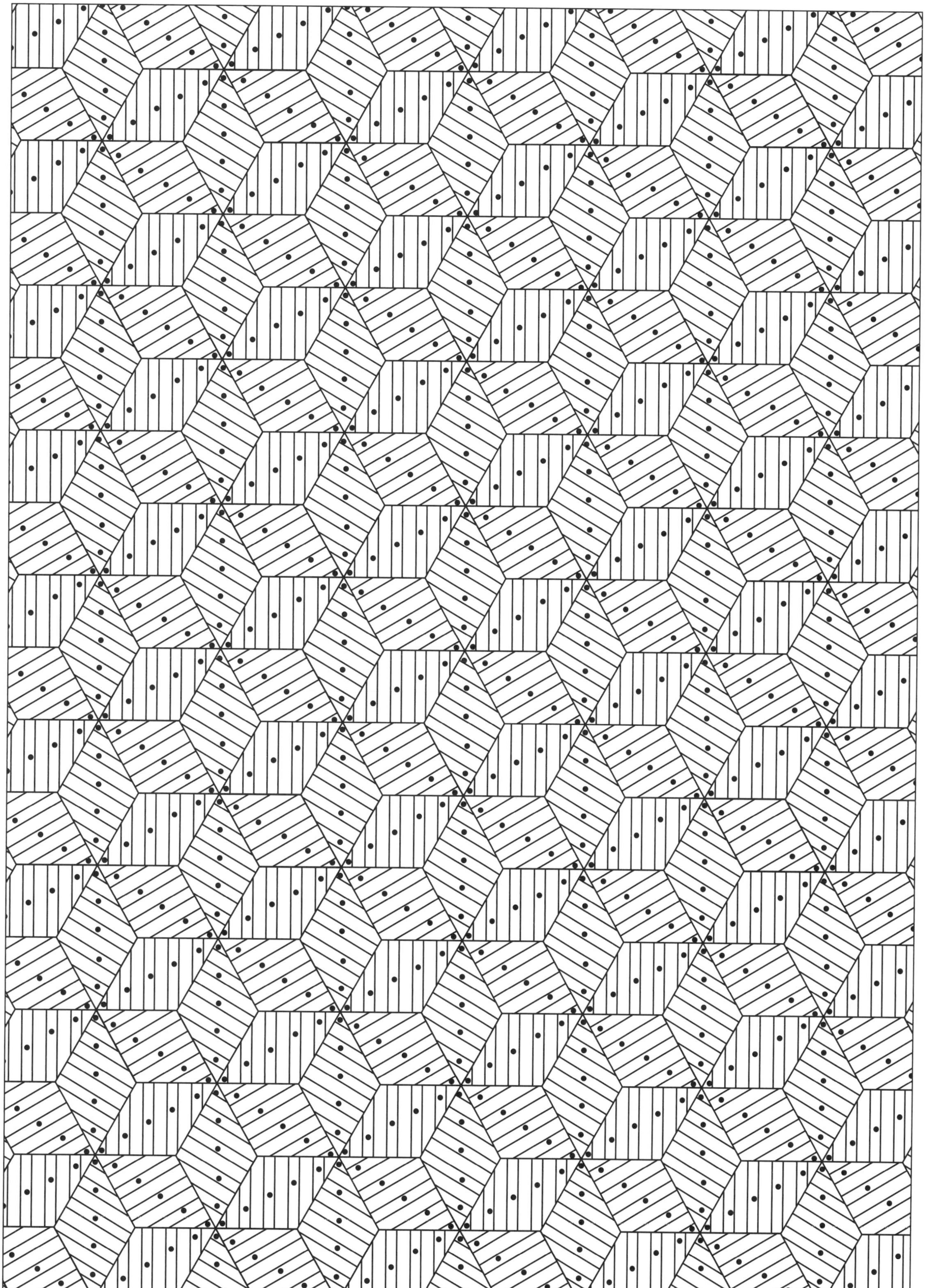

Auch das Chaos gruppiert sich um einen festen Punkt, sonst wäre es nicht einmal als Chaos da.

Arthur Schnitzler

Die ganze Mannigfaltigkeit, der ganze Reiz und die ganze Schönheit des Lebens setzen sich aus Licht und Schatten zusammen.

Lew Tolstoi

Das Leben ist bezaubernd, man muss es nur durch die richtige Brille sehen.

Alexandre Dumas

Wünsche sind nie klug. Das ist sogar das Beste an ihnen.

Charles Dickens

Wenn es einen Glauben gibt,
der Berge versetzen kann, so
ist es der Glaube an die eigene Kraft.

Marie von Ebner-Eschenbach

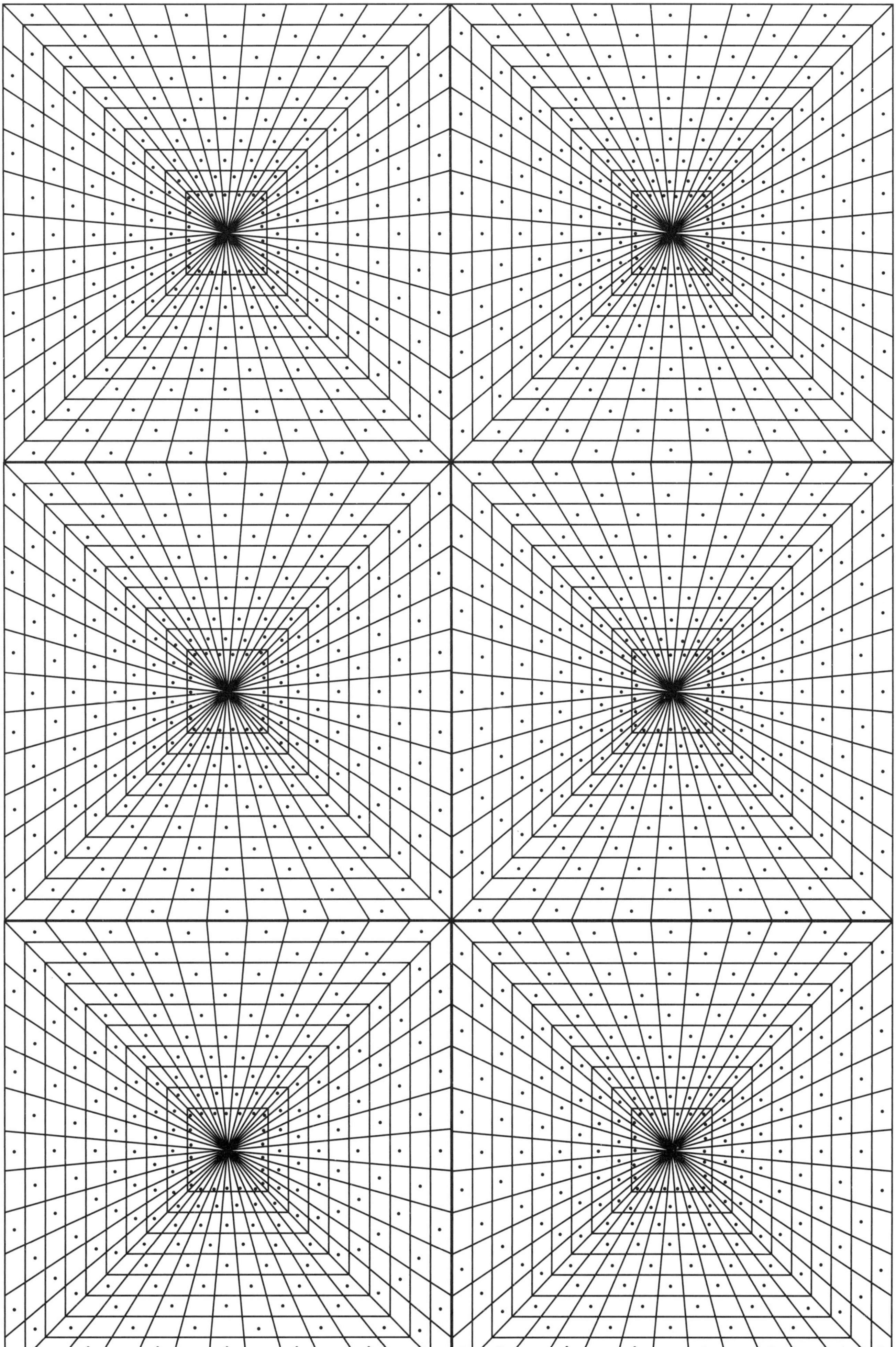

Wer zu lange ein Auge zugedrückt hat, wird erstaunt sein, wenn ihm beide plötzlich aufgehen.

Søren Kierkegaard

Eine angeborene Neigung und Richtung kann keiner ändern, und um zufrieden zu leben, muss jeder, was ihm lieb ist, auf eigenem Wege suchen.

Carl Ludwig Börne

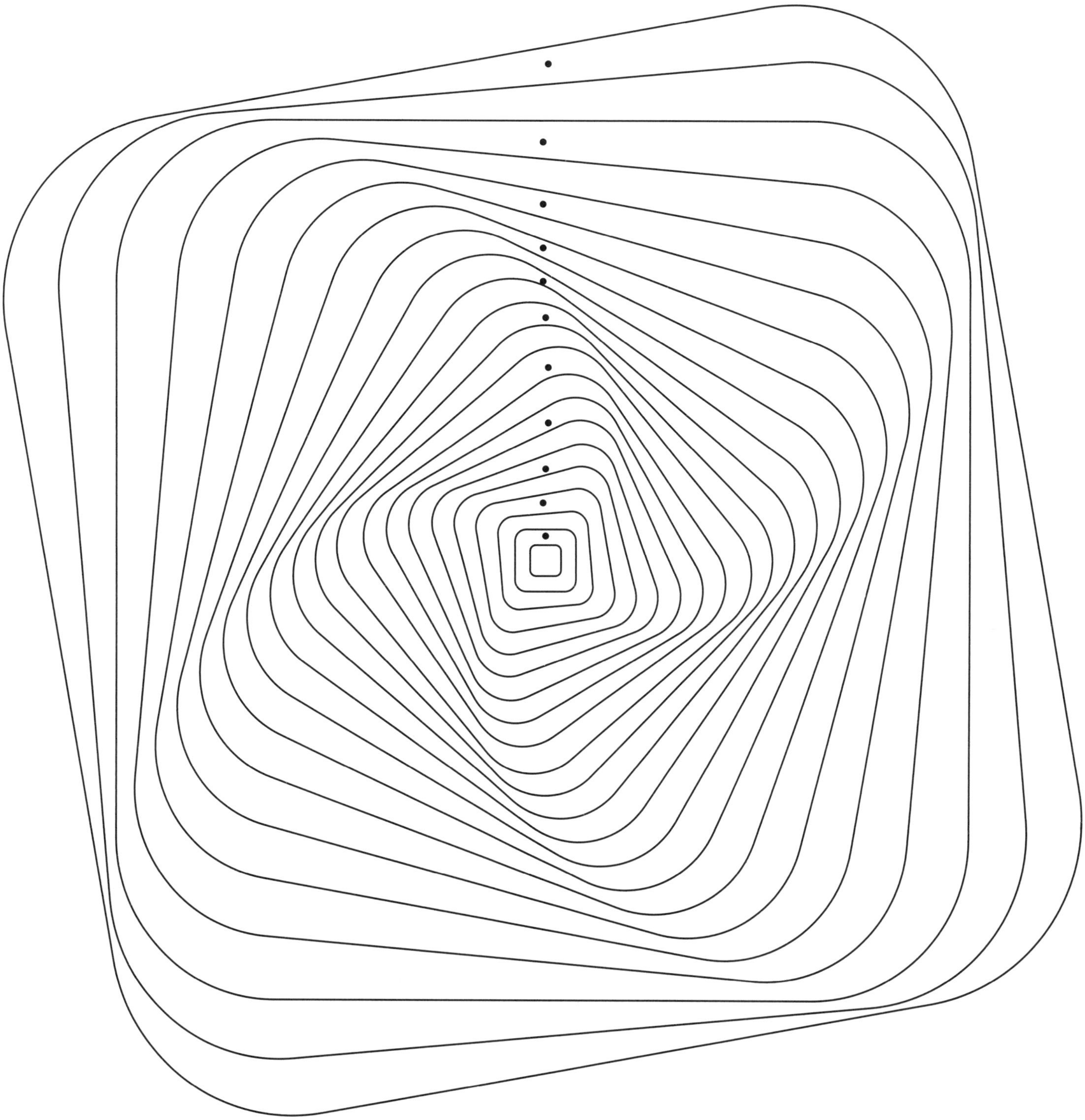

Das Leben ist die Suche des
Nichts nach dem Etwas!

Christian Morgenstern

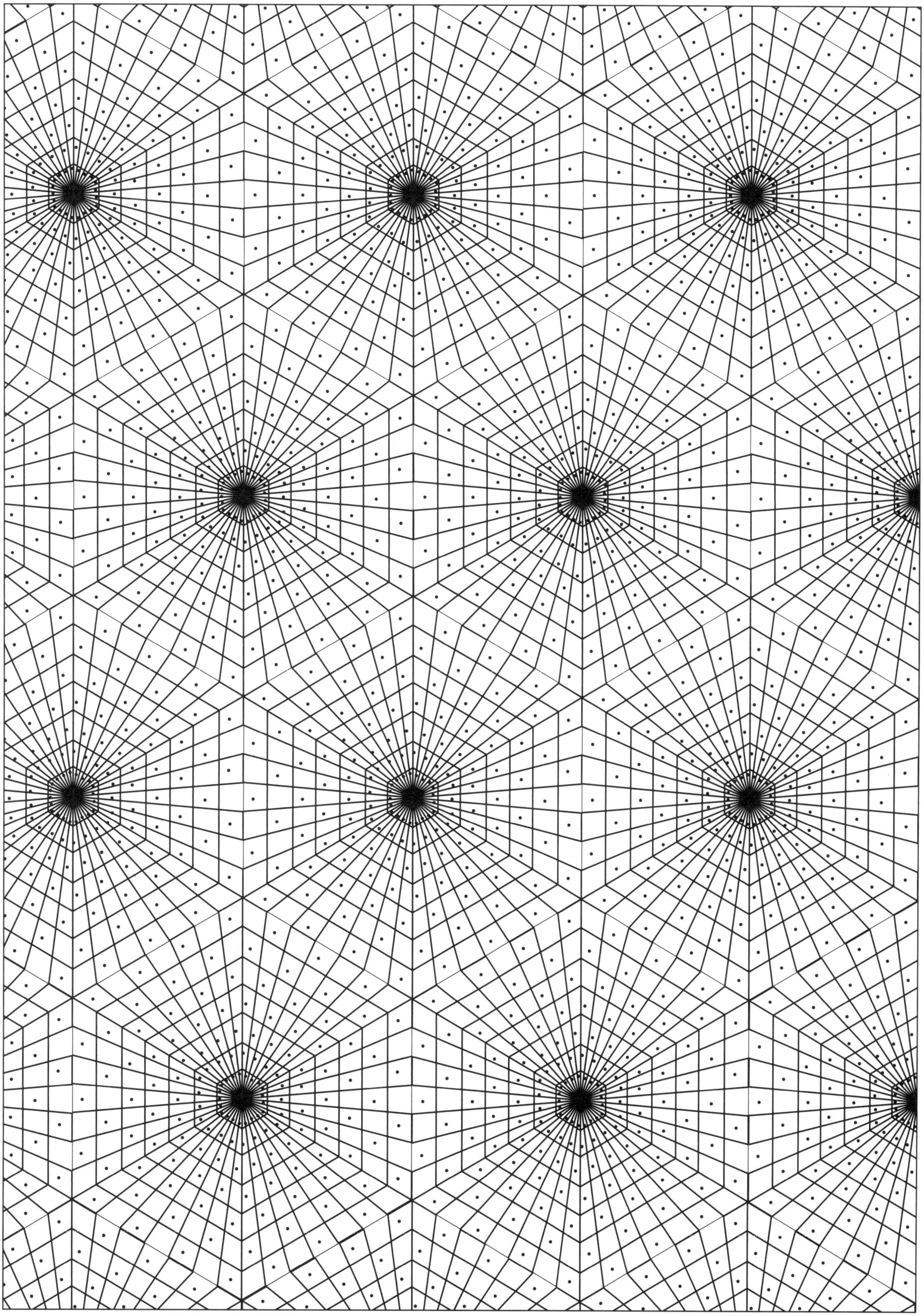

Wie nah wohl zuweilen unsere Gedanken an einer großen Entdeckung hinstreichen mögen?

Georg Christoph Lichtenberg

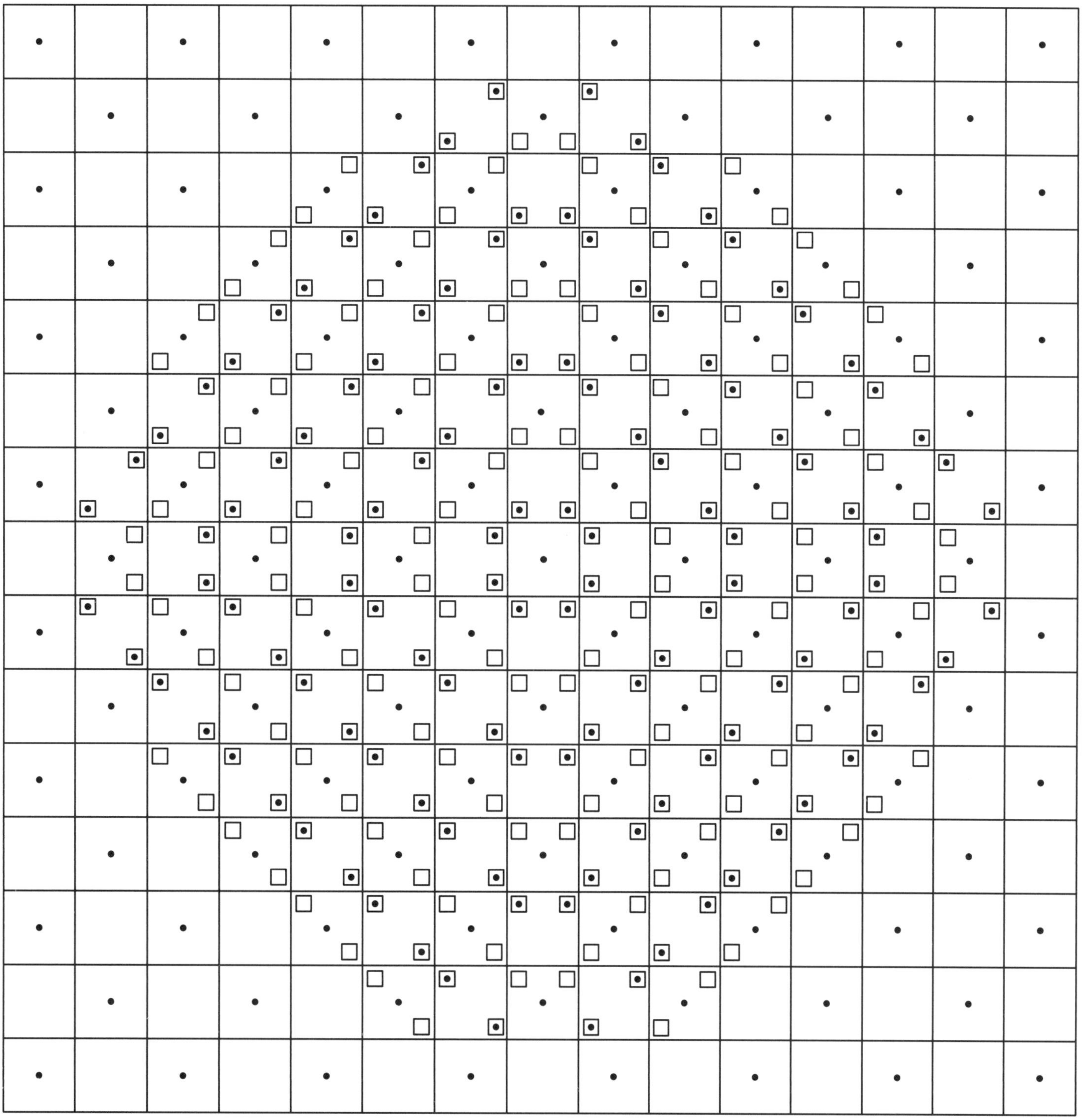

Intelligenz ist jene Eigenschaft des Geistes, dank derer wir schließlich begreifen, dass alles unbegreiflich ist.

Èmile Picard

Der letzte Ernst aller Dinge
ist heiter.

René Schickele

Viele suchen in allem, was sie anfangen, heimlich nur sich selbst, ohne es zu merken.

Thomas von Kempen

Die Langsamkeit bietet die Chance, das, was wir tun, auch zu erleben.

Henriette Wilhelmine Hanke

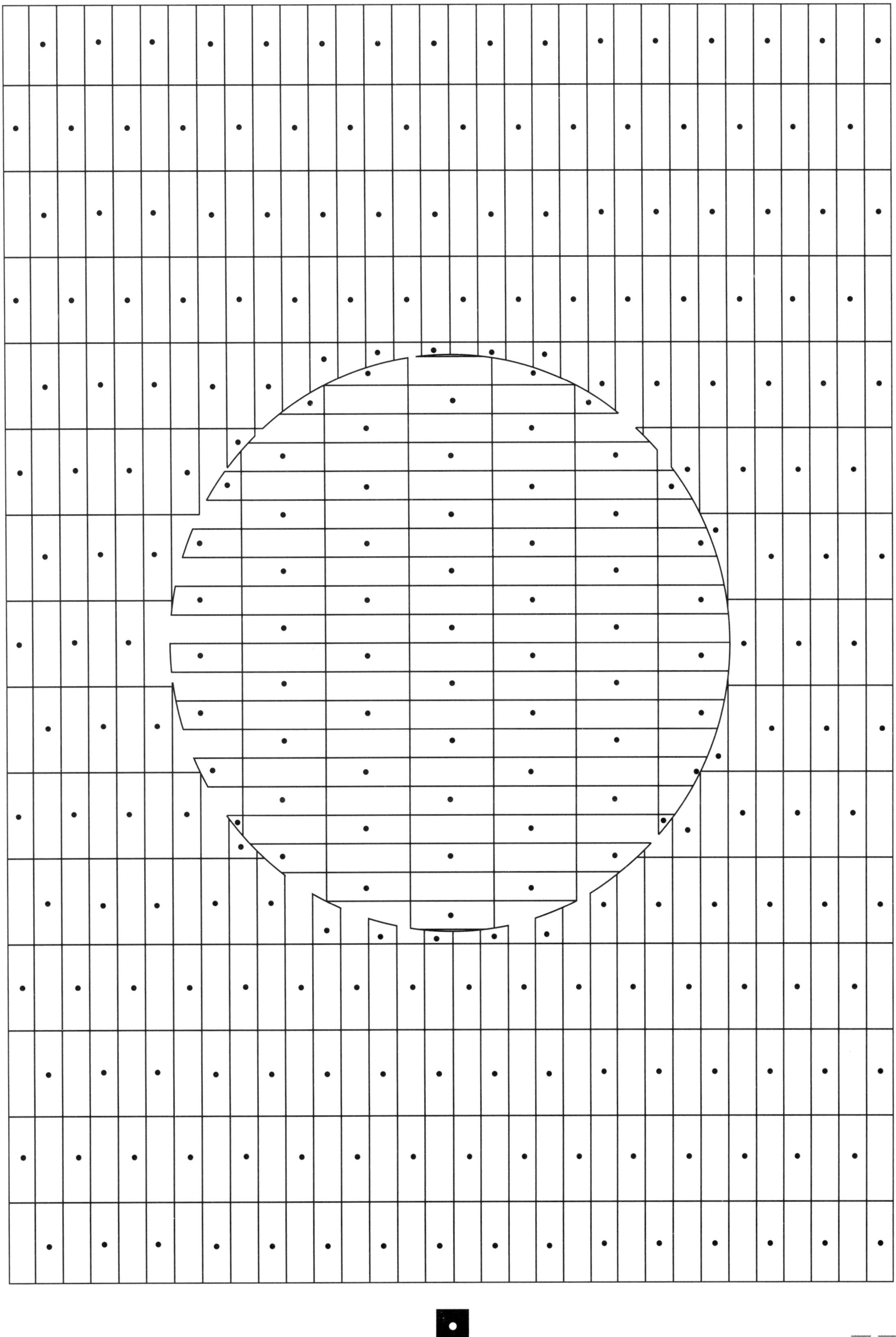

Wer begonnen hat, hat schon
die Hälfte vollbracht.

Horaz

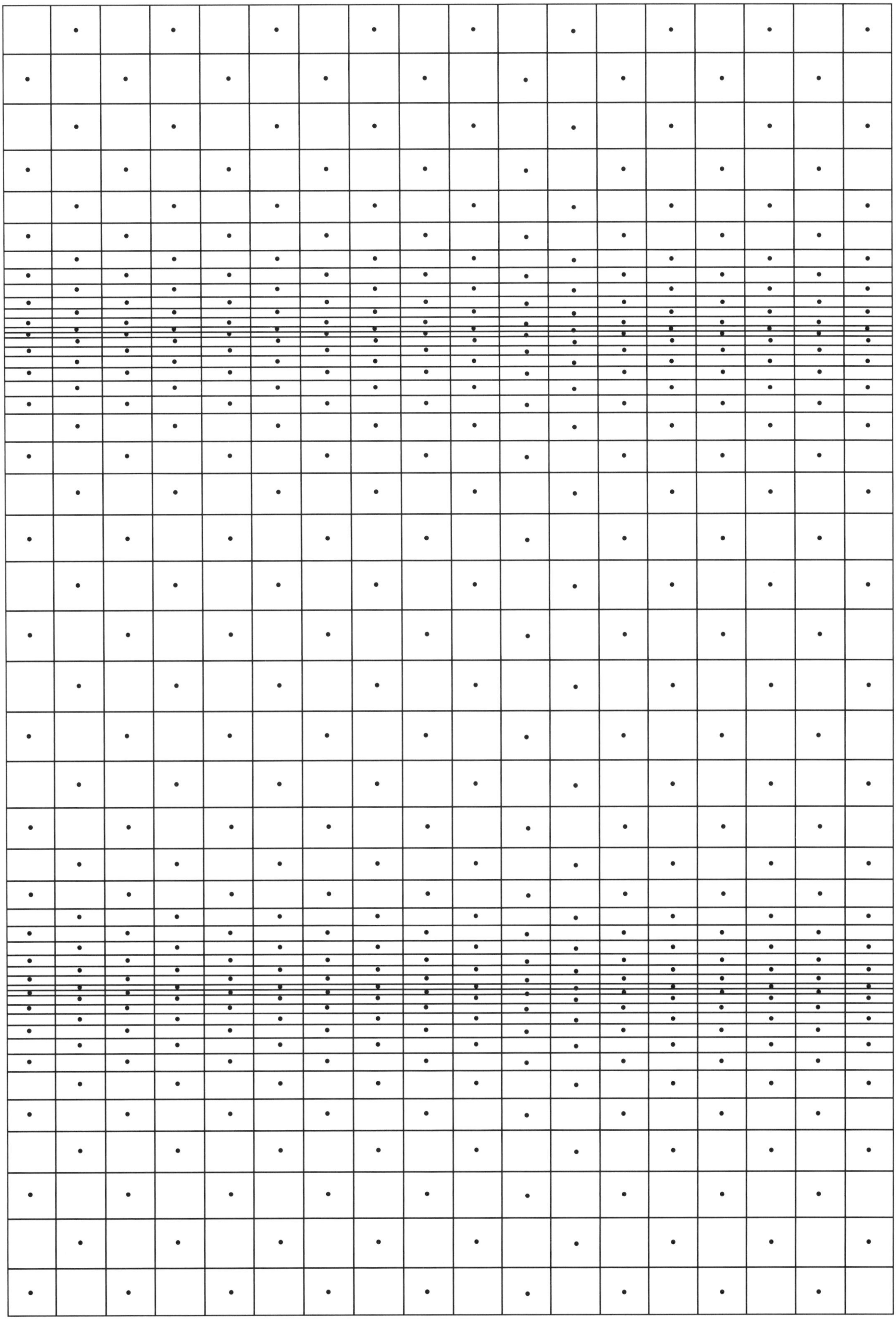

Wenn wir alles, was wir nicht begreifen, für bedeutungslos erklären, so liegt darin eine gefährliche und folgenschwere Dreistigkeit.

Michel de Montaigne

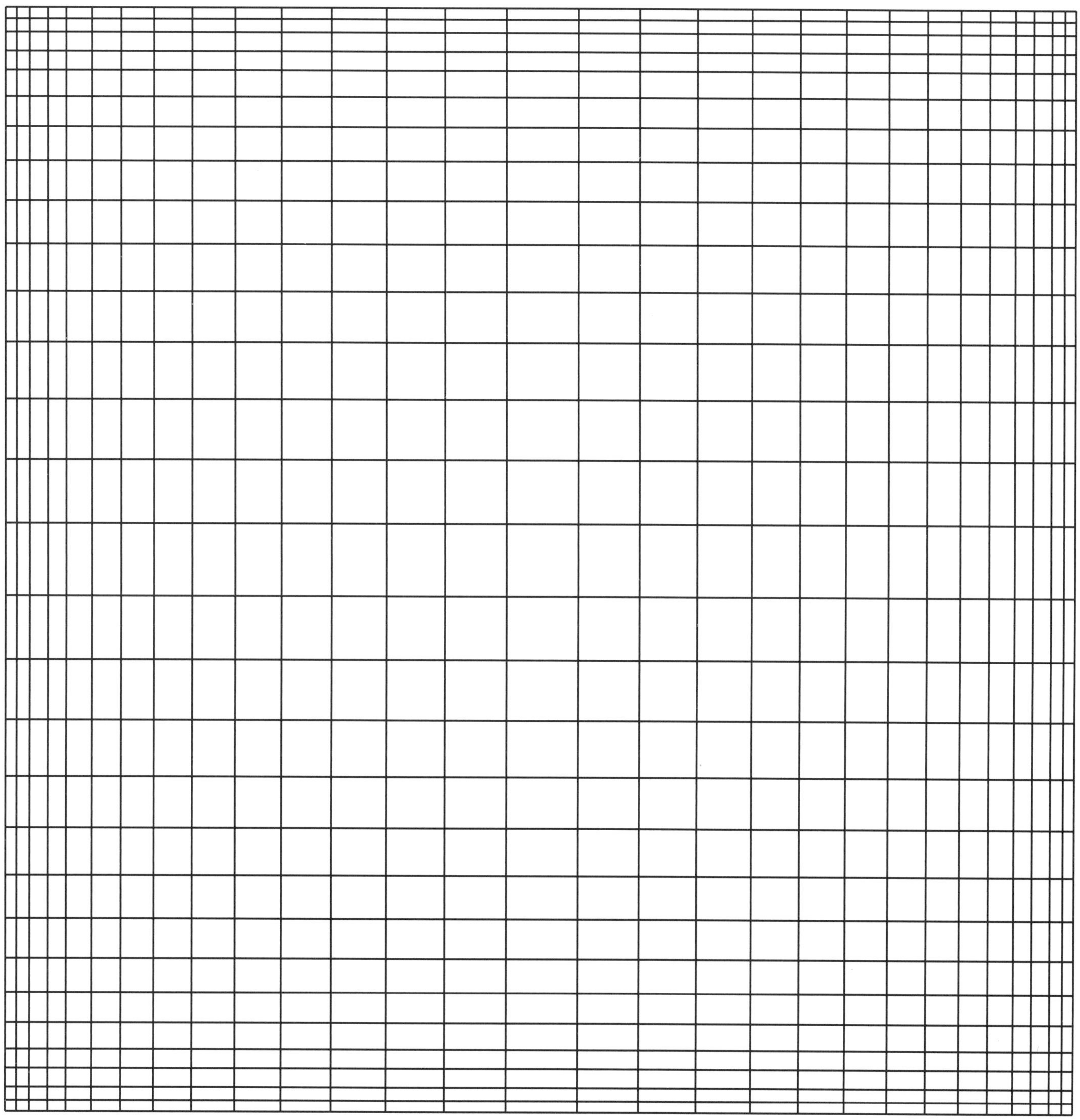

Monde und Jahre vergehen,
aber ein schöner Moment
leuchtet das Leben hindurch.

Franz Grillparzer

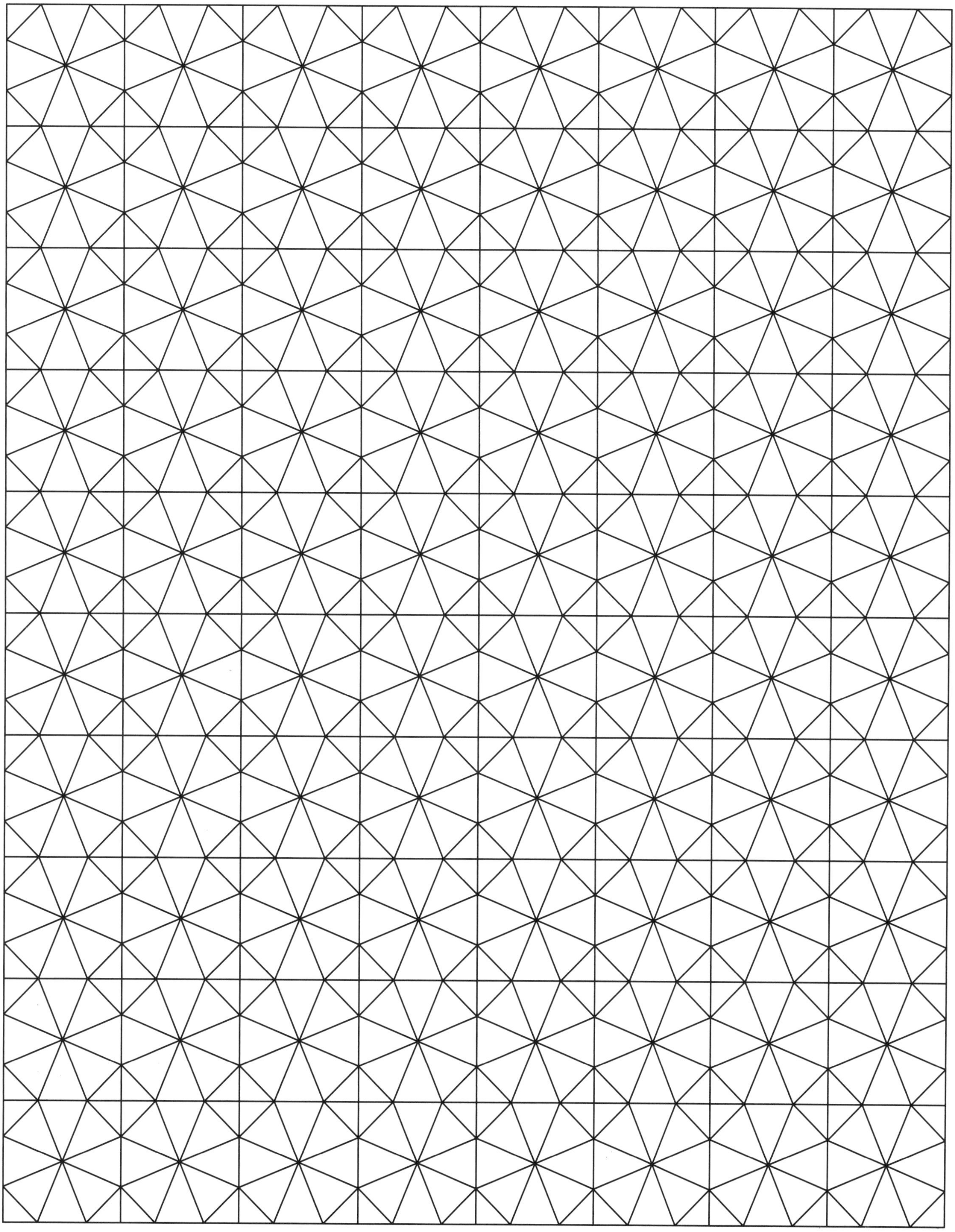

Achte dich selbst, wenn du willst, dass andere dich achten sollen!

Adolph Freiherr Knigge

Die größten Ereignisse sind
nicht unsere lautesten,
sondern unsere stillsten Stunden.

Friedrich Nietzsche

Sonnenschein ist köstlich, Regen erfrischend, Wind fordert heraus, Schnee macht fröhlich; im Grunde gibt es kein schlechtes Wetter, nur verschiedene Arten von gutem Wetter.

John Ruskin

Entspanne dich. Lass das Steuer los. Trudle durch die Welt. Sie ist schön.

Kurt Tucholsky

Die Tränen lassen nichts gewinnen, wer schaffen will, muss fröhlich sein.

Theodor Fontane

Man muß seine Ideen verwirklichen, sonst wuchert Unkraut darüber.

Jean Paul

Auch aus Steinen, die einem in den Weg gelegt werden, kann man Schönes bauen.

Johann Wolfgang von Goethe

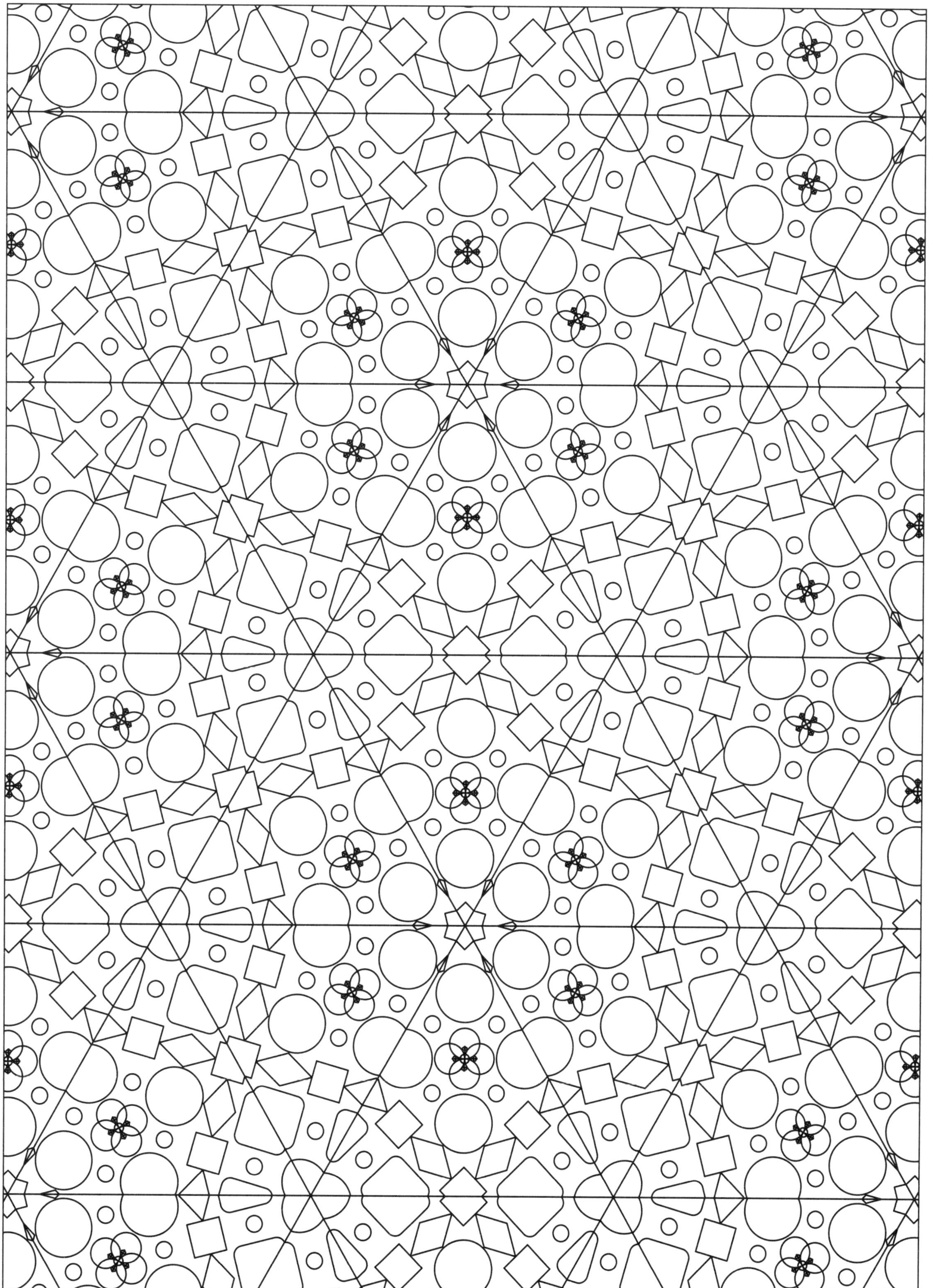

Talent bedeutet Energie und Ausdauer. Weiter nichts.

Heinrich Schliemann

Bei jeder Art von Größe besteht der bleibende Ruhm darin, den Grundstein gelegt zu haben.

Ernest Renan

Nicht die Klügsten haben immer die besten Einfälle. Gute Einfälle sind Geschenke des Glücks.

Gotthold Ephraim Lessing

Gib jedem Tag die Chance,
der schönste deines Lebens
zu werden.

Mark Twain

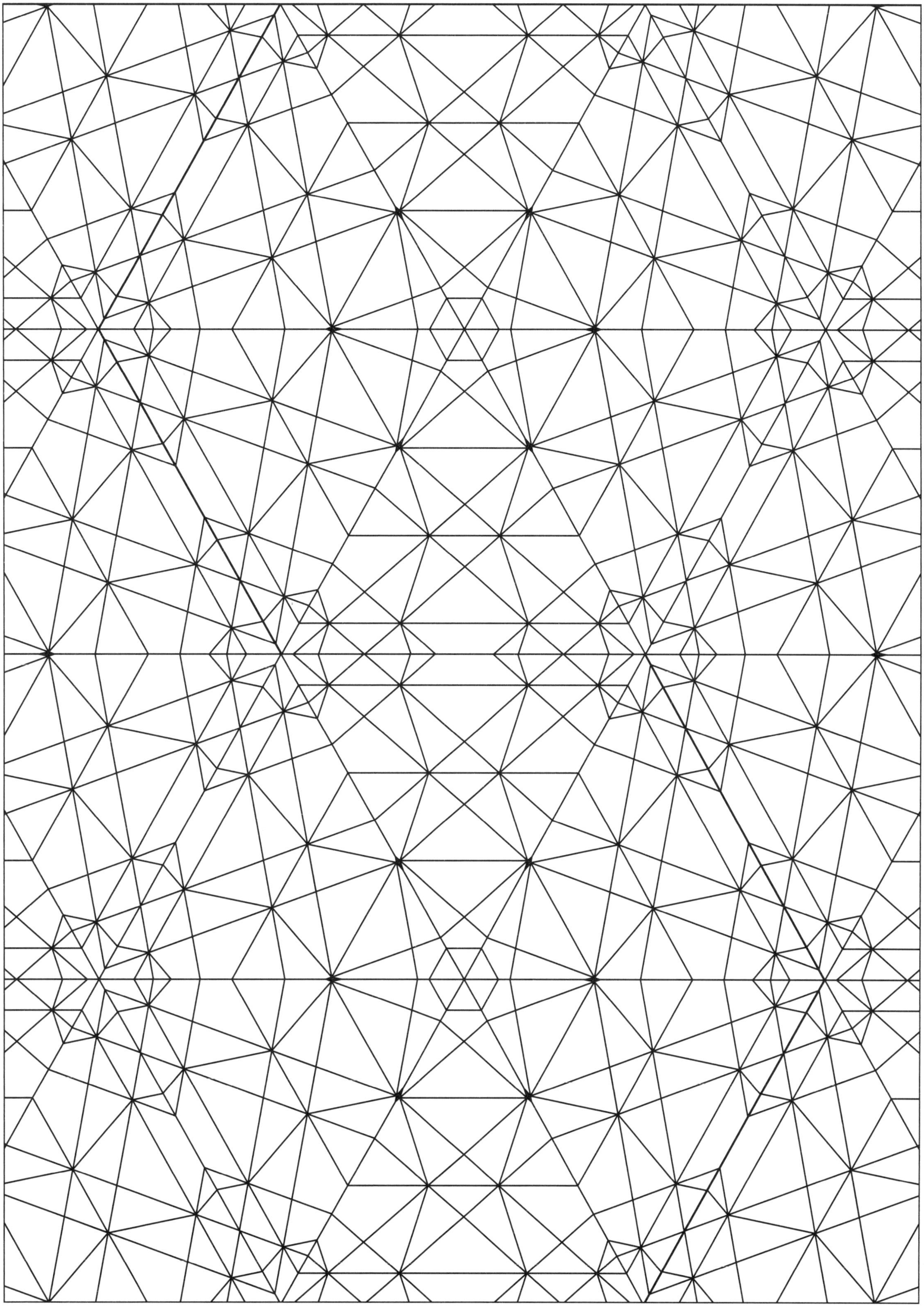

Nicht, was ich habe, sondern
was ich schaffe, ist mein Reich.

Samuel Smiles

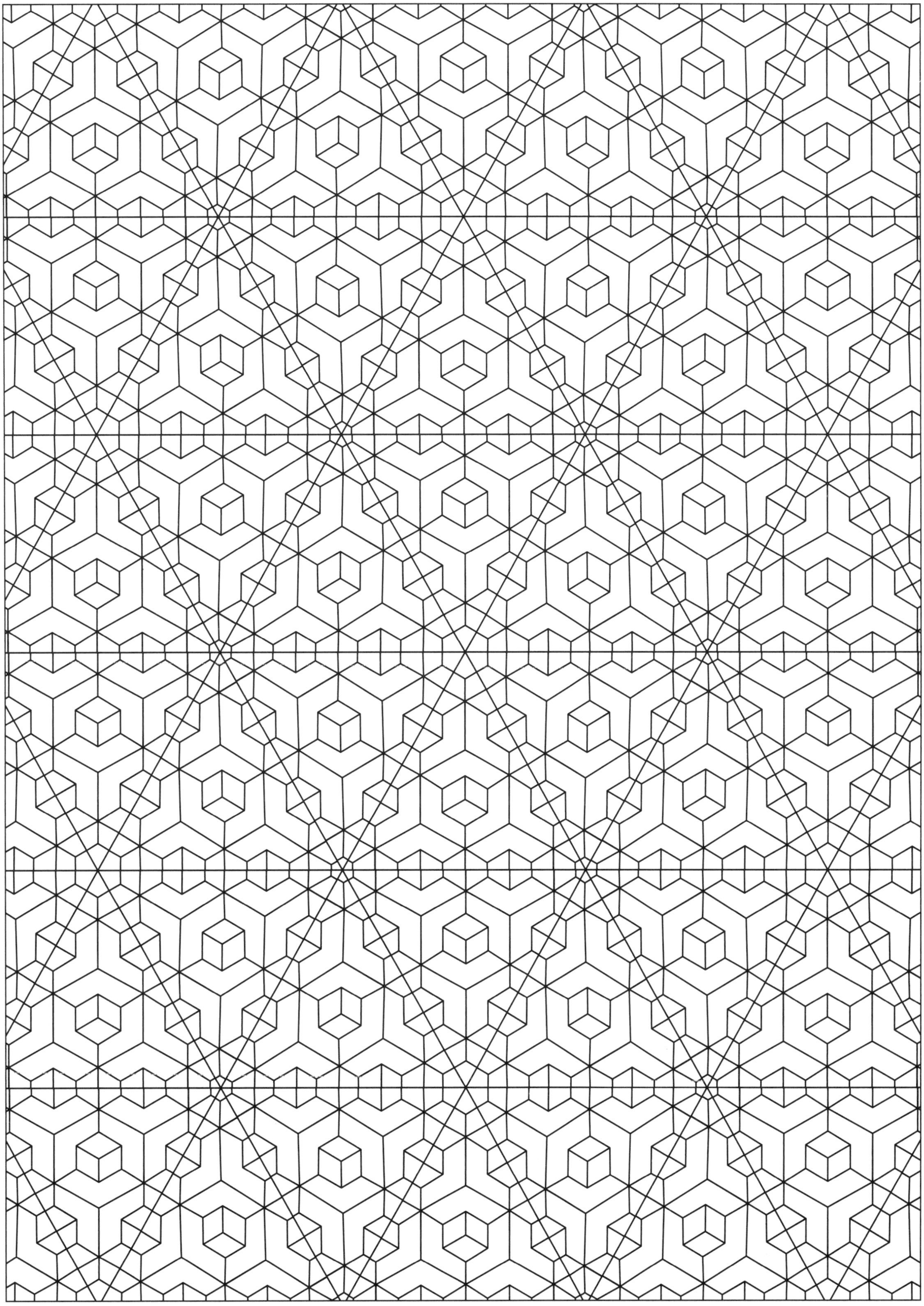

Das Dasein ist köstlich, man muss nur den Mut haben, sein eigenes Leben zu führen.

Peter Rosegger

Bewältige eine Schwierigkeit und du hältst hundert andere dir fern.

Konfuzius

Klug fragen können ist die halbe Weisheit.

Francis Bacon

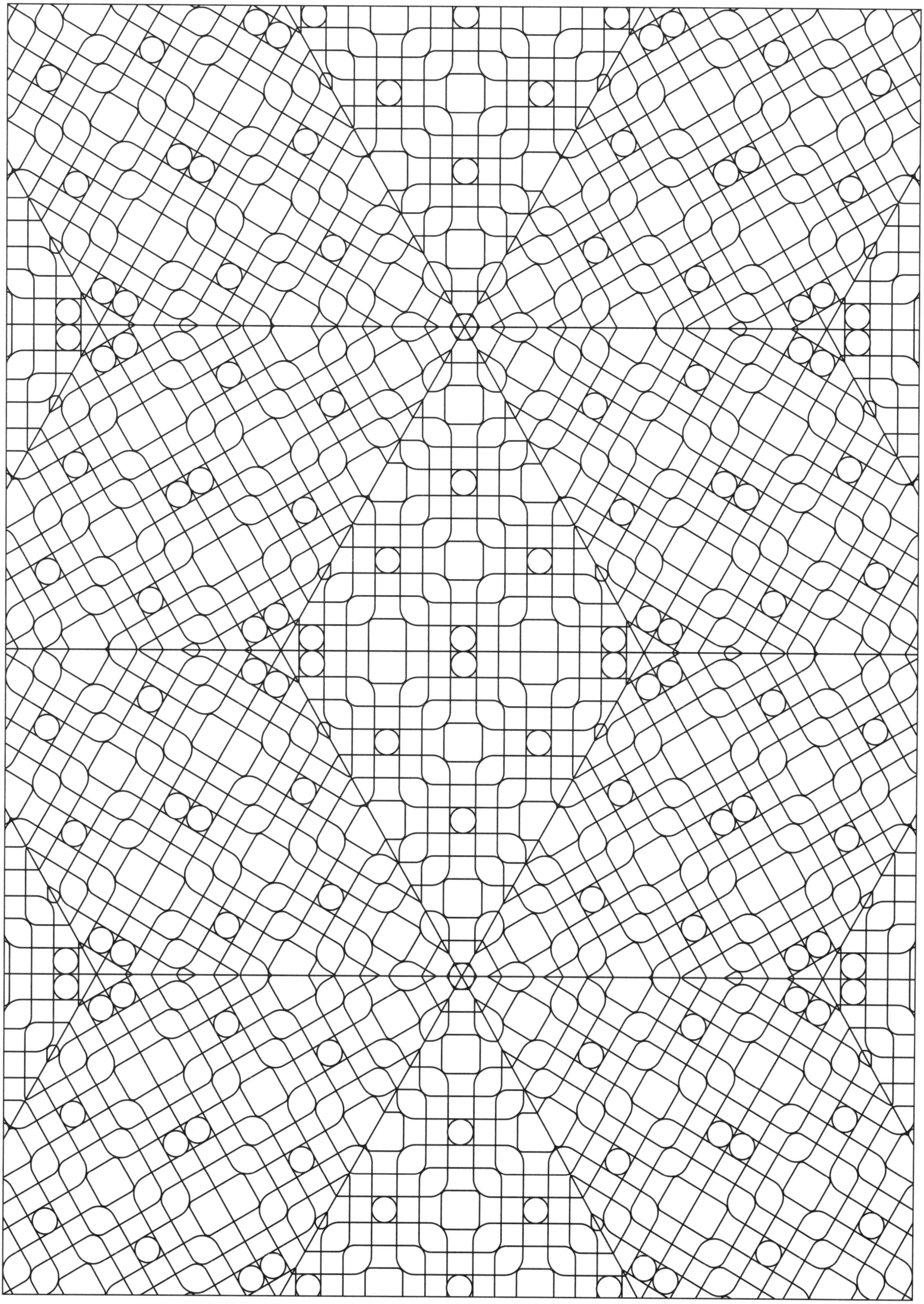

Denken ist Reden mit sich selbst.

Immanuel Kant

Ungelogene Begeisterung ist die tiefste Lebenspoesie, die unmittelbarste, reellste Glückseligkeit, die es gibt.

Bogumil Goltz

Das Glück wohnt nicht im Besitze und nicht im Golde, das Glücksgefühl ist in der Seele zu Hause.

Demokrit

Anfangen ist leicht. Beharren ist Kunst.

Deutsches Sprichwort

Ruhe ist Bedingung der Kultur.

Friedrich von Schiller

Unser größter Ruhm ist nicht, niemals zu fallen, sondern jedes Mal wieder aufzustehen.

Ralph Waldo Emerson

Glücklich, wer mit den Verhältnissen zu brechen versteht, ehe sie ihn gebrochen haben!

Franz von Liszt

Am Ende wird alles gut. Und wenn es nicht gut ist, ist es noch nicht das Ende.

Oscar Wilde

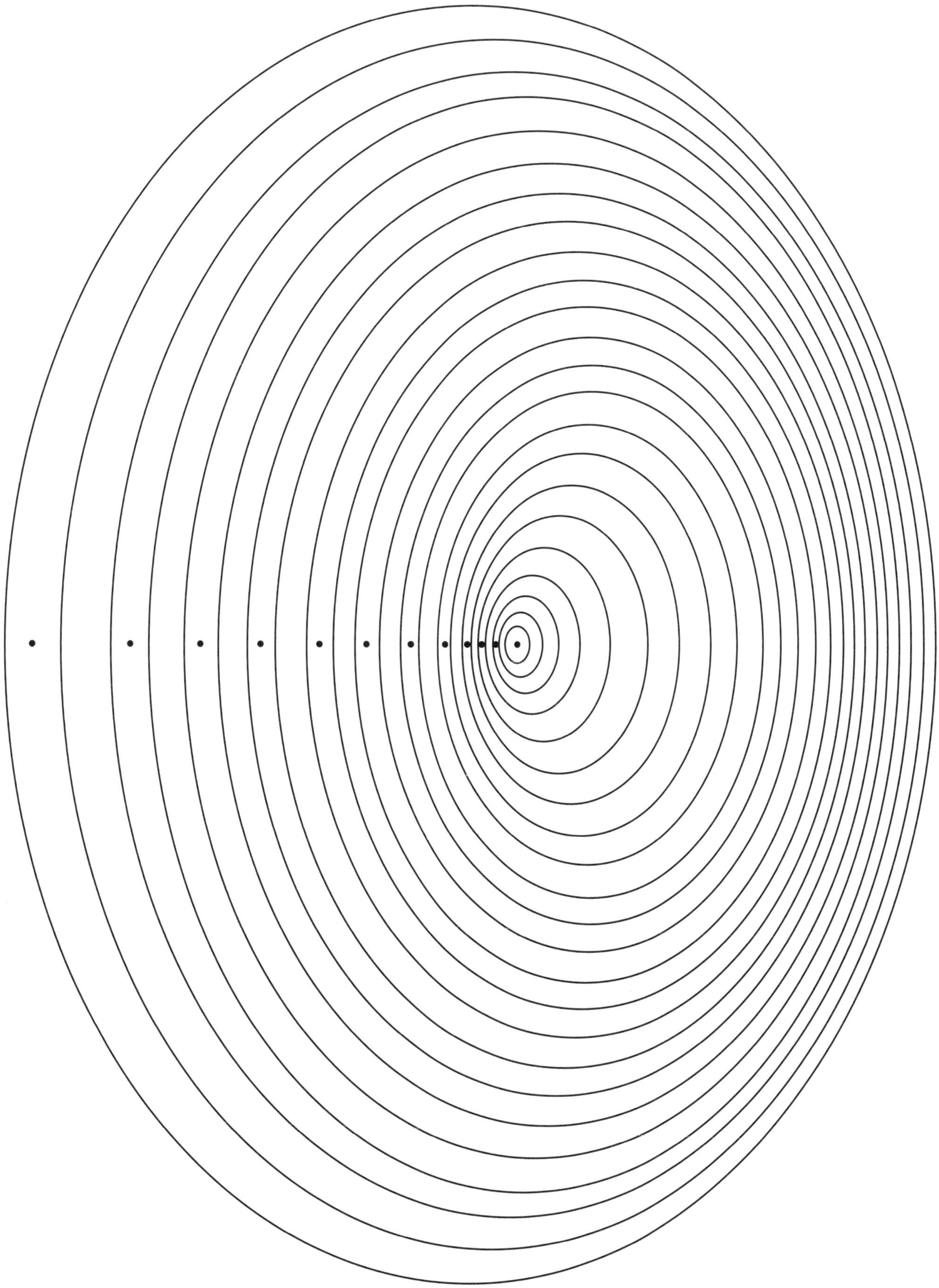

Wem genug zu wenig ist,
dem ist nichts genug.

Epikur von Samos

Mit Ausdauer erreichte die Schnecke die Arche.

Charles Haddon Spurgeon

Es braucht zu allem ein Entschließen, selbst zum Genießen.

Eduard von Bauernfeld

Ich weiß nicht, ob es besser wird, wenn es anders wird. Aber es muss anders werden, wenn es besser werden soll.

Georg Christoph Lichtenberg

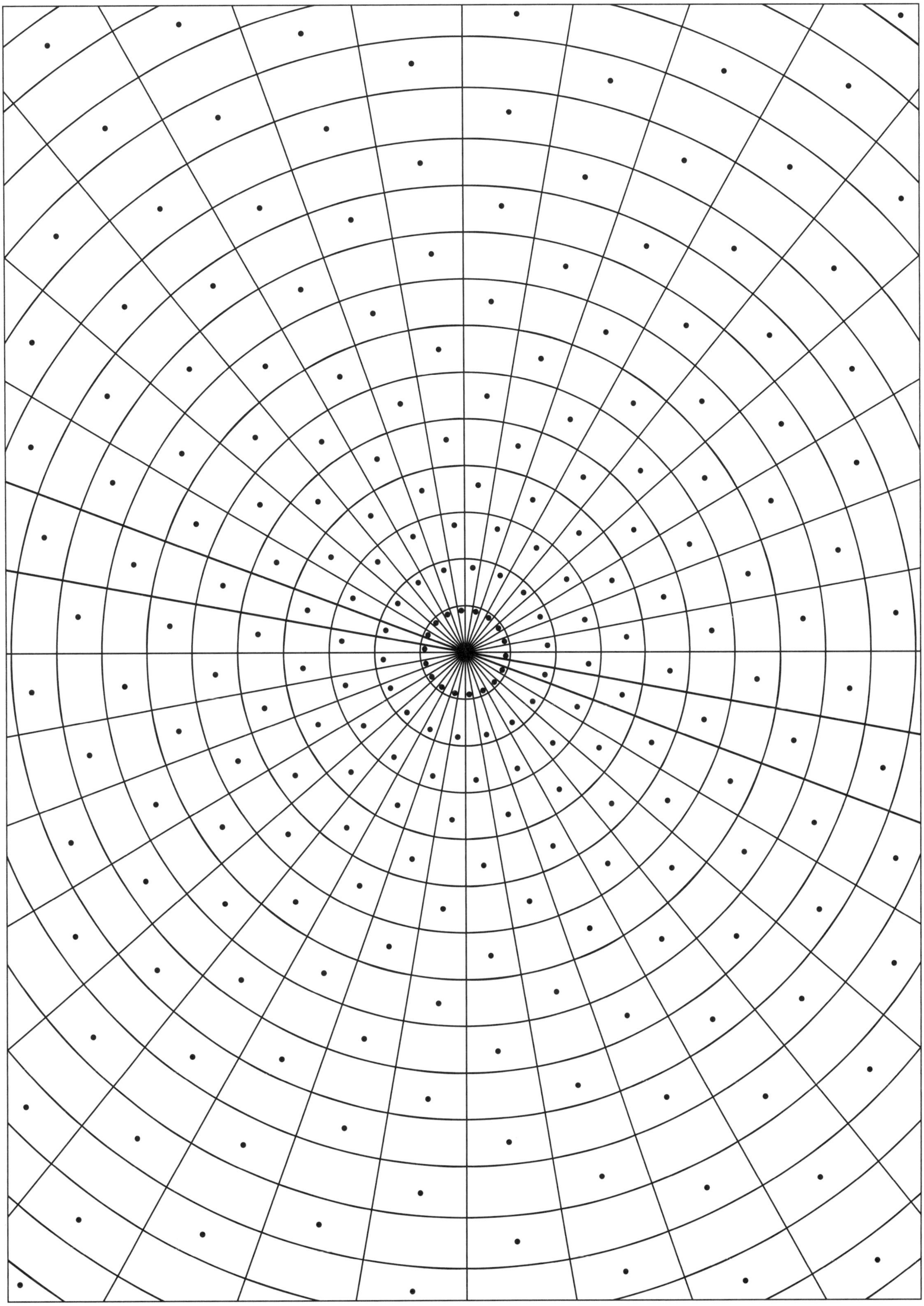

Große Werke vollbringt
man nicht mit Kraft,
sondern mit Ausdauer.

Samuel Johnson

Es ist schon lange einer meiner Grundsätze, dass die kleinsten Dinge bei weitem die wichtigsten sind.

Arthur Conan Doyle

Dinge wahrzunehmen ist der
Keim der Intelligenz.

Laotse

Der verlorenste aller Tage ist der, an dem man nicht gelacht hat.

Nicolas Chamfort